Alessandra Fottorino
Illustrations Cathy Karsenty

Les mots du vin

LE PETIT GLOSSAIRE ESSENTIEL

massin

Avant-propos

La dégustation est avant tout une histoire personnelle, une relation de soi au vin en fonction de ses origines, sa culture, ses goûts et bien d'autres paramètres. Elle n'a pas vocation à être remise en question par plus sachant que vous puisque là n'est pas le sujet, écoutez-vous, prenez confiance, c'est la sensation qui compte. La culture du vin est accessible à toutes celles et ceux qui en sont curieux, sans barrière. Et plus on se familiarise avec la dégustation, plus on veut en connaître tous les rouages et comprendre l'origine de ce formidable liquide fermenté. Déguster, c'est in fine revenir à l'origine, au terroir et aux secrets qu'il a à vous raconter. C'est aussi comprendre que celles et ceux qui travaillent dans le respect du vivant, de son environnement, façonnent des vins d'émotions, de sensations avec une sensibilité toute singulière.

Ne jamais oublier que le vin se partage et que son univers vous appartient. C'est une arme de relation massive qui permet l'échange, la discussion, et souvent, fait naître d'incroyables émotions.

Sommaire

Terroir

Parler du vin sans parler de terroir, c'est comme parler d'un arbre sans racines ! Le terroir regroupe à la fois la notion de sol, de climat, de topographie, de type de cépage et l'intervention humaine. Toutes ces caractéristiques joueront *in fine* sur le goût, la personnalité et la qualité du vin. Ce concept relie directement les vignerons et les vigneronnes à leur environnement naturel afin de le respecter malgré les défis actuels. Face aux bouleversements climatiques, la notion de respect du terroir est de plus en plus nécessaire pour obtenir des vins gardant de l'équilibre et de la cohérence. Quitte à réinventer de nouvelles façons de faire, et c'est tant mieux !

Appellation

L'appellation d'origine contrôlée (AOC), ou protégée (AOP, norme européenne), renvoie au terroir, puisqu'elle correspond à une zone géographique délimitée avec sa typicité, qui sera régie par un cahier des charges précis : rendements, types de cépages utilisés, etc. Elle a été créée pour lutter contre la fraude et garantir une qualité. Il fallait voir le bazar que l'on faisait avec le vin dans les années 1900 !
Le premier décret-loi des AOC date de 1935 et dès 1936 naissent les toutes premières AOC : Arbois, Chateauneuf-du-pape, Cassis, Montbazillac.
La France compte plus de 380 appellations, dont la plus grande partie en Bourgogne.
L'appellation a largement participé au prestige des vins français à travers le monde.
Sacrés Français !

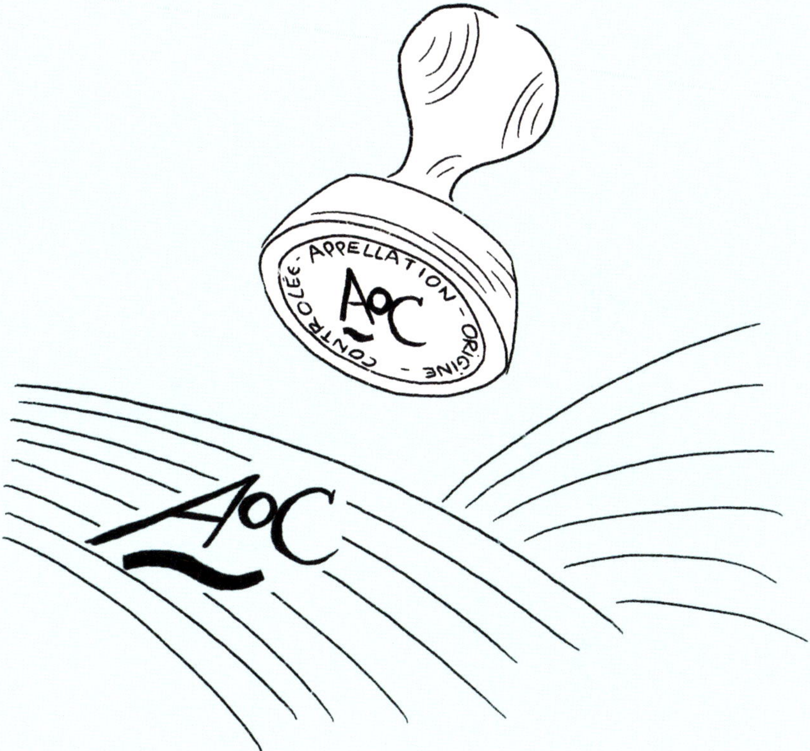
APPELLATION - ORIGINE - CONTROLÉE
AoC
AoC

Vin de France

Et là, vous vous dites, « oh là là, les vins de France, c'est le gros rouge qui tache, pourquoi l'auteure nous parle de ça ? » De la nuance ! Depuis 2009, les vins de table sont devenus vins de France et malgré une partie de la production toujours médiocre, nous en produisons aussi de haut niveau qui peuvent sans problème rivaliser, voire surpasser, la qualité de certaines appellations.
Le vin de France est plus libre et ne répond pas aux obligations parfois rigides des appellations. Il permet d'interpréter le terroir avec créativité, notamment avec le changement climatique en marche active. C'est un terrain de jeux pour expérimenter, tester de nouveaux cépages, de nouvelles régions (Creuse, Bretagne...), proposer d'autres profils de vins. Allez chez un caviste, vous ne serez pas déçu(e) !

Cépage

Le cépage correspond au type de plant de vigne
et à la variété de raisin utilisée pour faire du vin.
Par exemple chardonnay, sauvignon,
pinot noir, malbec, gamay, etc.
Un cépage n'est jamais choisi par hasard,
il doit être capable de s'épanouir sur
un lieu défini. Concernant les appellations,
il doit être inscrit dans le cahier des charges.
Il en existe environ 6 000 dans le monde
de l'espèce *Vitis Vinifera*, plus de 200 en France,
mais seuls 10 % d'entre eux représentent
la majorité des surfaces plantées.
Aujourd'hui, de nombreux domaines redonnent
vie aux cépages autochtones, appelés aussi
« oubliés », originaires d'un terroir donné.
Ils sont souvent mieux adaptés
à leur environnement naturel et apportent
une vraie diversité de goût.
Avez-vous déjà goûté un prunelart
du Sud-Ouest ou un pineau d'aunis de Loire ?

PINOT NOIR
SYRAH
CHARDONNAY
MERLOT

Vinification

Aussi appelée « vinif' », c'est là que le jus de raisin se transforme en vin ! Tout cela se passe dans un chai et la plupart du temps dans des cuves en inox. Elle s'effectue en plusieurs étapes : égrappage (ou pas), foulage optionnel du raisin, pressurage, macération (principalement pour les vins rouges) entre les peaux et le jus, fermentation, grand moment où le sucre contenu dans le raisin se transforme en alcool sous l'action de petites levures et, enfin, vieillissement (fût de chêne, cuve inox, amphore, etc). Aucun domaine ne pratique la même vinification, cela dépend de la philosophie et du type de vin souhaité.

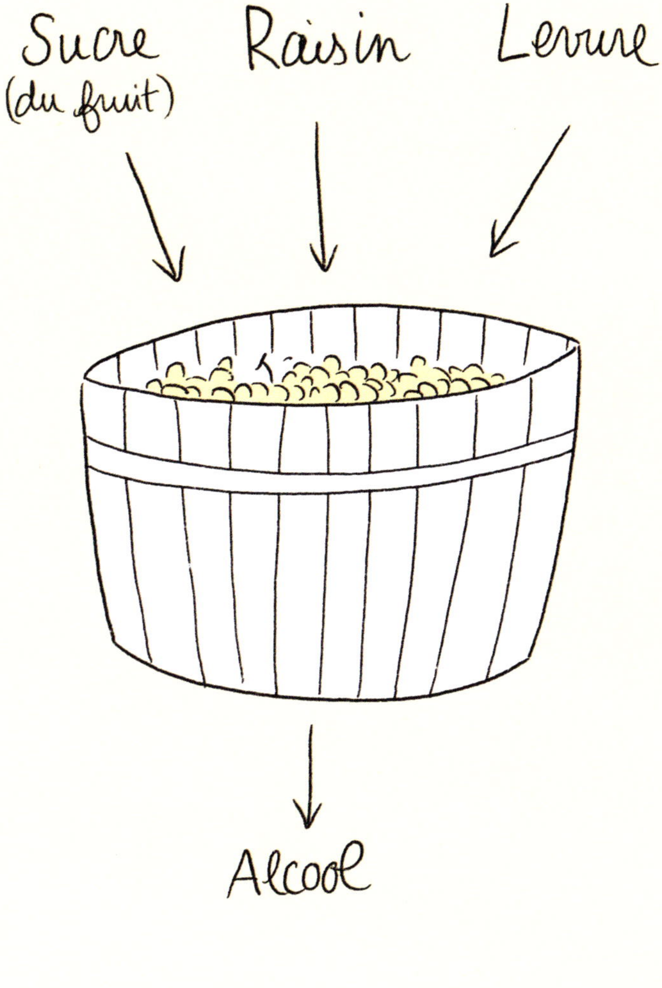
Sucre
(du fruit)
Raisin
Levure
Alcool

Évolution du vin

Tous les vins, comme nous les humains,
connaissent une évolution.
Ils passeront de la jeunesse avec l'éclat
des fruits, de l'acidité et des tanins marqués
(pour les rouges) à la maturation :
les arômes évoluent, le bois s'adoucit,
la complexité arrive. Puis arrive l'apogée,
LE moment de boire le vin, il est
parfaitement en place. Suivra le déclin,
le vin est tout simplement trop vieux,
vous avez trop attendu, voyons !
Tous les vins ne sont pas taillés pour la garde :
trop attendre un vin fait pour être bu jeune n'a
aucun sens. Un vin de garde,
quelle que soit la couleur, sera issu
d'un millésime réussi, aura une acidité élevée
au départ ainsi qu'une matière
et une concentration notable. Il aura
probablement reçu une partie de son élevage
en fût de chêne pour prolonger sa vie !

L'ouïe

« Non mais allô » ! Eh oui, l'ouïe a un vrai rôle dans la dégustation à venir. Que ce soit le bruit du bouchon que l'on retire plus ou moins bruyamment de la bouteille, celui mélodieux du vin que l'on verse dans le verre ou encore celui de l'effervescence des bulles de champagne, crémant ou autre pétillant naturel qui claquent sous l'oreille. Sans oublier ce moment tant attendu où l'on trinque enfin et que le verre « cling » joyeusement. Tout cela nous met en (bonne) condition pour la suite !

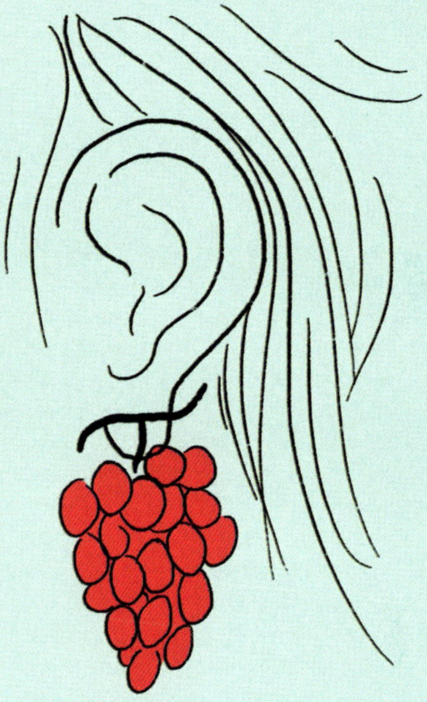

Tourner le vin dans le verre

Ou le faire danser, c'est plus poétique !
Cette action est primordiale à réaliser une fois
que votre précieux liquide se retrouve
dans le verre. Attention à ne jamais remplir
à ras bord : à moitié, c'est idéal.
Il s'agit alors de prendre son verre par
le bas de la tige (et non par la corolle
qui réchaufferait bien vite votre vin) et
de le faire tourner dans le sens des aiguilles
d'une montre ou l'inverse.
Cela permet d'optimiser l'aération et donc
de développer le potentiel aromatique du vin,
en plus de faire distingué, sauf si l'on se rate.
L'aération correspond à toutes les couleurs
et types de vins, champagnes compris !

Brillance

La brillance signifie l'éclat reflété par
la lumière que l'on peut observer dans un vin.
Elle se distingue à travers sa teinte
et son intensité. Dans l'idéal, on utilise
un fond blanc pour mieux la discerner.
On associe souvent brillance et acidité.
En effet, la plupart des vins jeunes ont plus
d'éclat car moins de particules liées
à l'évolution ; ils sont généralement
plus acides que les vins évolués.
Ces derniers sont souvent plus ternes,
qu'ils soient rouges, rosés ou blancs !

Transparence

Bien qu'*In Vino Veritas*, la vérité est parfois ailleurs ! Cette première phase permet d'observer la limpidité d'un vin. Une des étapes de la vinification consiste dans la majorité des cas à « filtrer » le vin afin d'éviter des dépôts et certaines éventuelles bactéries.
Pour autant, trop filtrer et le faire de manière brutale peut appauvrir le vin et *in fine*, son goût.
L'art réside dans un juste compromis.
Souvent pointé du doigt, l'aspect trouble d'un vin n'est pas nécessairement négatif. Il peut résulter d'un vin dit « naturel », sans filtration qui accueillera volontiers ses dépôts comme aspect vivant de sa matière.
Aussi, un vin qui arrive à maturité présentera un dépôt tanique, le temps passé le faisant sédimenter et tomber au fond de la bouteille.
On choisira alors de décanter le vin, doucement.

Disque

Ici, on ne parle pas de musique, mais bien de viscosité, *slurp*! Inclinez votre verre, regardez bien les bords et la surface en contact avec l'air, il y a une petite épaisseur, c'est ce fameux disque. Il décrit la teneur en glycérol, alcool et sucre. Plus le disque est épais, plus l'acidité est marquée, agissant comme un tensio-actif qui pousse le liquide à s'étendre en toute détente. Je pourrais vous parler des larmes, mais je concède y attacher moins d'importance. Vous les verrez s'écouler plus ou moins rapidement sur les parois du verre, proportionnellement à l'onctuosité ou à la teneur en sucre. Attention, elles peuvent être altérées par des traces de produit nettoyant ou la rugosité d'un verre.

Couleur

Quel plaisir d'observer la couleur et l'intensité
d'un vin en se laissant aller à
quelques divagations. L'âge du raisin,
sa maturité à la vendange et son élevage
joueront sur sa couleur.
Pour les blancs, on observe que
les plus transparents, avec parfois des reflets
verts, indiquent des vins jeunes.
Une couleur paille indique une bonne maturité
et une couleur cuivrée, un vin évolué.
Quand elle devient brune, gare à l'oxydation !
Pour les rouges, certains cépages sont plus
concentrés en pigments colorants comme
la syrah ou le tannat. Ils donnent une intensité
et une couleur profonde, allant de violette
à noire, tandis que d'autres sont plus
légers à l'œil comme le gamay.
Un rouge évolué prendra une couleur brique,
« it's time to drink it ! ».

Singularité

L'expérience sensorielle du nez est propre
à chacun. Selon notre culture, notre éducation
culinaire, nos origines, nous n'aurons pas
les mêmes sensations et c'est heureux !
Si, à une table, l'un sent la fraise écrasée,
l'autre le poivre de Timut
et vous... rien, pas de panique !
Ne cherchez pas à coller aux sensations des
autres ni même à la majorité. Faites-vous
confiance, allez-y pas à pas et écoutez-vous.
Il s'agit là d'une expérience personnelle.
Sentir est un entraînement comme un autre !
Votre café, thé du matin, les tartines au beurre,
les odeurs d'un plat qui mijote, celles de la rue.
Sentez, vivez les odeurs !

Pétrolé

En voiture Simone ! Là, je sens que je vous perds, mais restez bien accrochés. Le terme d'hydrocarbure ou pétrolé est très représentatif d'un style de vin mais est aussi sujet à débat. Au nez, certains riesling alsaciens évolués sentent l'arôme de pétrole et le camphre (que l'auteure adore plus que tout !). Cet arôme est lié spécifiquement à ce cépage et le plus souvent à l'évolution. On l'associe à une minéralité poussée qui s'exprime plus largement sur des sols de marnes et de calcaires. Certains pensent qu'un vin qui sent cela dans sa prime jeunesse est un défaut de vinification, d'autres à l'inverse plébiscitent cette heureuse sensation. À chaque personne de faire cette expérience et d'apprécier, ou non !

Fermé

Comme une porte un peu bloquée,
qui a parfois besoin d'un petit coup de pied
pour l'aider à s'ouvrir, eh bien,
c'est pareil avec le vin !
Halte au jugement trop hâtif d'un vin à
peine ouvert, tout juste servi qui ne sent rien.
Certains ont besoin de plus de temps pour
s'exprimer, laissez-le-lui, après tout,
il est vivant lui aussi.
Une demi-heure à l'air libre, voire plus,
affranchi de son bouchon, permettra
une meilleure expression. Et s'il insiste
vraiment à ne pas vouloir parler, surtout
dans sa jeunesse, mettez-lui un coup de
carafe et secouez énergiquement.
Toute cette dose d'oxygène devrait l'aider
à passer à table et enfin… s'ouvrir !

Sésame
Ouvre-toi !

Volatile

L'acidité volatile est un terme devenu courant dans la dégustation. Il s'agit d'acide acétique et d'acétate d'éthyle qui, en petite quantité, peuvent rehausser la sensation de vivacité d'un vin, mais devenir un défaut en excès.
On ressent alors un côté vinaigré exacerbé allant jusqu'à l'odeur franchement désagréable de vernis à ongle.
D'ailleurs, les vignerons et les vigneronnes qui voient ce type d'acidité trop élevée dans leur production doivent envoyer leurs vins en distillation, ne pouvant les commercialiser sur le marché en l'état.
De façon plus subjective, on peut dans une certaine mesure apprécier un peu la volatile, cela dépend du goût de chacun.

Odeurs

Il y en a des centaines de milliers ! Notre perception est propre à chacun selon nos souvenirs, nos origines, notre culture culinaire, etc. N'essayez pas de sentir la même chose que votre voisin, faites-vous confiance et ressentez le vin, comme il vient et comme vous êtes. Les odeurs sont aussi nombreuses et diverses que possible, comme les notes fruitées, florales, épicées, empyreumatiques (liées au fût de chêne), minérales, animales (cuir, musc), lactiques, végétales, de défauts (bouchon, œuf pourri). Elles peuvent aussi être associées à un souvenir, un endroit, une couleur. Sentez-vous libres, nom d'une pipe ! Pour en capter le plus possible, il faut prendre le temps de faire tourner le vin dans le verre dans un mouvement giratoire, l'oxygène va accélérer leur libération.

Bouchon

Damned, l'odeur du bouchon !
Ce n'est pas bon signe, cette histoire.
Si votre nez détecte du carton mouillé, du moisi, de la poussière ou encore le chien mouillé, il y a de fortes chances que votre vin soit bouchonné. Ce défaut que l'on peut trouver sur un bouchon en liège est dû à la molécule de TCA (trichloroanisole) qui se trouve naturellement dans les moisissures présentes dans le bois. Il suffit qu'elle rentre en contact avec le chlore présent dans le bouchon en liège (car préalablement nettoyé à la Javel) pour favoriser son développement.
Cela ne signifie pas que le vigneron est mauvais ! Cela arrive parfois, ce sont les risques du métier. Il n'y a pas grand-chose à faire, à part jeter le vin dans l'évier et, par pitié, ne le mettez pas dans une sauce ! Elle en prendrait le goût et l'odeur.

Souvenir

Sentir le vin ne signifie pas forcément détecter quelque chose de précis. Et à force de chercher, cela peut devenir frustrant ! Se laisser le temps de ressentir sans se juger peut parfois nous amener beaucoup plus loin que ce que l'on imagine.
Un souvenir d'enfance, un endroit, un moment, une couleur, l'odeur d'un plat, une émotion.
Laissez-vous vivre cela sans pression.
Je me rappellerai toujours de cette élève qui ne trouvait pas les mots en humant le vin, se sentant à part. Lui proposant des images mentales, elle me regardait d'un œil lumineux, « oui, ce vin me fait penser à ma grand-mère, si douce, dans une veste en cuir ! » Il s'agissait d'un vin blanc plein de douceur et de rondeur qui révélait aussi un sacré dynamisme.
Quelle image parfaite pour traduire ce vin !

Beurré

Certains vins blancs présentent un nez de
beurre frais, comme de nombreux chardonnays
de Bourgogne vieillis en fûts de chêne !
Cette odeur est liée à une molécule, le diacétyle,
produite par les bactéries lactiques
lors de la fermentation malolactique
(deuxième fermentation du vin
qui a pour objectif de diminuer l'acidité),
mais elle n'est pas obligatoire.
Le diacétyle amène également des notes
de noix, de levures, de grillé et de brioché.
Vive le petit-déjeuner !
Ces odeurs peuvent se retrouver dans
les vins rouges, mais elles sont bien plus
perceptibles dans les vins blancs.
Testez donc un pouilly-fuissé
ou pouilly-loché dans le Mâconnais
pour en faire l'expérience !

L'attaque

Promis, personne ne va vous agresser !
Lors de la dégustation, l'attaque représente
la première étape, les toutes premières secondes
où votre palais entre en contact
avec le vin en bouche.
Prenons une petite quantité de vin, point trop
n'en faut, et aspirons une fine quantité d'air.
Et hop, les premières sensations arrivent.
Elles peuvent être perçues comme douces,
agressives, dynamiques ou encore mollassonnes.
On décèlera une partie des arômes
et pour les rouges, la quantité de tanins.
Suivra le milieu de bouche qui permettra
de ressentir l'équilibre sucre, acidité, alcool.
Enfin, la fin de bouche, aussi appelée persistance,
où l'on observera les caudalies,
soit la durée des sensations restantes en bouche
une fois le vin avalé. Une caudalie représentant
une seconde. À l'attaque !

Attaque
Sucré Acide Alcool
Persistances

Minéral

Aucun chat n'a souffert dans cette histoire.
Ce mot très « Ile-de-France » est un poil galvaudé et plus complexe qu'il n'en a l'air.
La minéralité viendrait des minéraux présents dans le sous-sol (magnésium, potassium…) dont les racines de la vigne, si le sol est respecté, vont venir se nourrir. Plus les racines descendent, mieux c'est, preuve d'un sol vivant.
Sans aller jusqu'à dire que les minéraux ont un goût, de fait, un vin riche en sels minéraux fait tout bonnement saliver. À ne pas confondre avec l'acidité qui, en elle-même, ne représente pas la minéralité, mais appuie la sensation saline.
On parle aussi de sapidité dans le sens d'un goût savoureux.
Un vin minéral offre du dynamisme en bouche, parfois fumé, pouvant évoquer le caillou (léchez-en un, vous verrez !). La minéralité a encore bien des mystères à dévoiler que seul le temps révèlera !

Astringent

Vous l'avez au moins ressentie une fois,
cette sensation de sécheresse dans votre bouche,
comme si quelque chose vous avait volé
votre salive, laissant une sensation
de rugosité, voire de rusticité.
Cela arrive principalement avec les vins rouges
qui possèdent des tanins, phénols présents
dans la peau du raisin.
Les rafles, matières végétales souvent utilisées
de nos jours, appuient cette sensation.
C'est également lié au fût de chêne neuf
dans lesquels certains vins vieillissent,
le bois amenant cette astringence.
Elle va alors provoquer une diminution des
sécrétions buccales créant une forme d'âpreté.
Attention, on ouvre parfois trop tôt
des vins qui auraient bien attendu encore
un peu pour s'affiner et assouplir leurs tanins.
D'autres les assument dans leur jeunesse
et appellent un plat en sauce
ou un joli jus pour s'harmoniser.

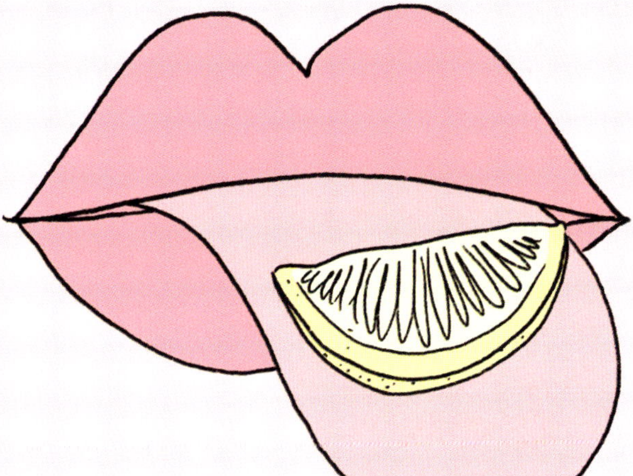

Vineux

Le terme vineux est couramment utilisé pour définir l'intensité et la puissance d'un vin lors d'une dégustation. On parle alors de vinosité. Celle-ci souligne le plus souvent un caractère affirmé du vin, une sensation un peu chargée en opposition à léger ou discret.
On l'associe parfois à la richesse en alcool, mais il s'agit d'un élément parmi d'autres, notamment la sensation au nez comme en bouche des arômes marqués du vin.
On dit que le champagne blanc de noirs, issu de pinot noir et vieilli en fût de chêne, amène de la vinosité et une grande persistance en bouche.
A contrario, un champagne issu de chardonnay, sans être moins complexe, sera plus floral et moins puissant.

Équilibre

Cette sensation représentant l'harmonie des saveurs est primordiale lors de la dégustation, c'est ce que l'on recherche.
Bien sûr, les sensations et perceptions seront différentes selon les habitudes et goûts de chacun.
Elle se matérialise en bouche par l'équilibre de toutes les composantes du vin, sucre, sel, acidité, amertume et le tanin pour les vins rouges.
Par exemple, un vin blanc avec très peu d'acidité et beaucoup d'alcool va apparaître comme lourd et mou.
Un rouge très tanique et astringent dénué d'arômes fruités va être perçu comme agressif.
Un vin qui présente les composantes comme étant au même niveau, sans que l'une empiète sur l'autre, sera alors équilibré.

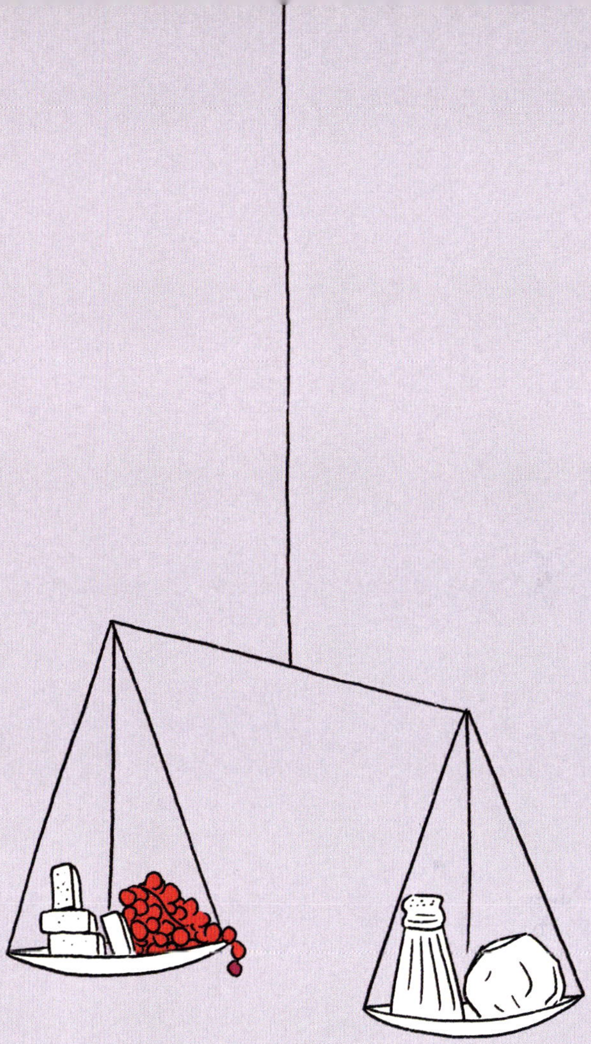

Plat

Lors de la dégustation, nous recherchons des sensations, qu'elles soient acides, amères, sucrées, salées… Seulement, il arrive qu'il n'y ait rien de tout cela. C'est le plat pays, pas de relief, pas de sensations qui titillent le palais ou la langue. Ce n'est pas un défaut, mais ce n'est pas non plus ce que l'on attend d'un vin de qualité. On ajoute à cela une pauvreté aromatique et une matière en bouche assez faible et nous obtenons un vin plat. La matière du vin représente la consistance, la texture, le volume qu'il prendra en bouche. La teneur en tanins joue également sur la matière. À savoir : l'acidité participe grandement au relief du vin, elle amène un peps, une dynamique nécessaire.

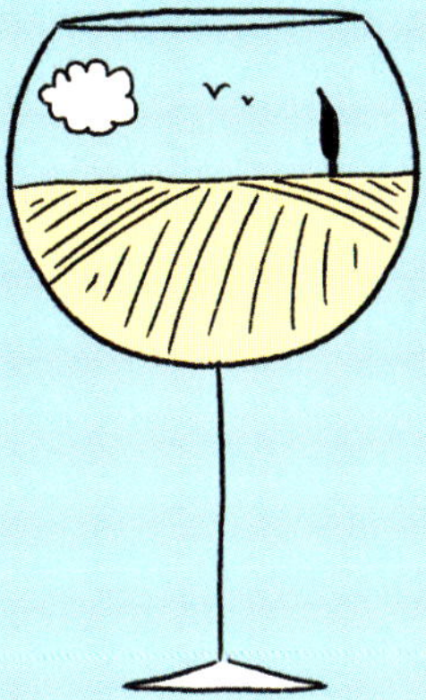

Texture

Il s'agit de la sensation du vin qui va être perçue en bouche, ce que l'on appelle aussi le toucher de bouche, très important !
Nos papilles s'activent dès que le vin se dépose dans notre palais pour analyser sa profondeur. Pour certaines sensations, on peut faire l'analogie de la texture avec du tissu, par exemple rugueux, velours. On parle aussi de perception huileuse, crémeuse, visqueuse, onctueuse ainsi que de texture épaisse ou fluide.
Le tanin participe de la texture, il peut la rendre sèche ou bien soyeuse. La présence du sucre va l'arrondir et patiner le palais.
Chaque personne peut ressentir la texture différemment et la décrire comme équilibrée, sensuelle, riche ou désagréable.

Umami

S'il y a bien un mot qui, selon l'auteure, manque au jargon officiel du jaja, c'est le mot umami, qui traduit une sensation bien particulière. Cette 5e saveur japonaise se définit par la teneur en glutamate (acide aminé) contenu dans les produits fermentés (fumets de poissons, sauce soja). Dans les blancs élevés avec leurs lies (résidus de levures mortes), on ressent une intensité supplémentaire, une salivation, une amplitude en bouche plus marquée jusqu'à la finale, plus saline. Dans les rouges, le contact prolongé entre peaux et pépins et un long vieillissement appuie cette sensation. Une des boissons les plus riches en acides aminés est le saké, ce qui amène rondeur et salivation, c'est savoureux ! Faites-vous donc un morceau de vieux parmesan avec de la tyrosine (mini-cristaux « salés » qui ne sont pas du sel), avec un verre d'un beau muscadet, élevé sur ses lies, miam, umami garanti !

Tendu

Un peu comme minéral, ce mot est à la mode !
La tension dans un vin signifie la vivacité, soulignée par l'acidité (non, ce n'est pas un gros mot).
On pourrait comparer la tension à une flèche qui traverse le palais tout droit, pleine de fraîcheur.
Souvent, ces vins n'expriment pas forcément beaucoup de volume en bouche et laissent cette empreinte sapide.
Cela amène une certaine stimulation dans le palais, doublée d'une vibration tonique, à mon sens importante pour que le vin soit digeste.
Tous les vins peuvent être tendus, mais les blancs l'expriment mieux, en raison de l'absence de tanin.
Goûtez un riesling grand cru de sol granitique, un chenin sur schiste ou encore un sauvignon sur silex.
« *Straight to the point !* ».

Longueur en bouche

Une fois la dernière gorgée avalée,
c'est ce que l'on appelle aussi la persistance
aromatique intense qui se calcule en caudalies
(encore un mot pour briller en soirée).
À savoir qu'une caudalie équivaut à une seconde.
Par exemple, un vin qui laisse
15 caudalies représente 15 secondes
de persistance des arômes en bouche.
On peut dire qu'il s'agit de la mémoire
du vin sous forme gustative.
Certains grands vins peuvent laisser
des traces pendant de longues minutes,
voire des heures ! C'est très rare et
c'est la magie de certains flacons.
À vous de jouer, goûtez, comptez !

...huit caudalies, neuf caudalies...

Mâcher

Toujours dans l'idée que le vin est avant tout une matière sensorielle, l'action de le mâcher en bouche est essentielle. Cette manière de déguster existe depuis la nuit des temps, mais nous l'avons quelque peu oubliée.
En effet, la salive libère les molécules sapides, en se mélangeant avec le vin. Boum ! Les saveurs se révèlent au grand jour.
Pour cela, on prend un petit volume de vin en bouche, une bonne inspiration par le nez et on mélange notre belle gorgée d'un bout à l'autre de notre bouche. Les molécules à la fois odorantes et gustatives vont s'accrocher sur les joues, sensations garanties !
Il n'y a pas mieux pour aller au plus près du vin, ressentir sa consistance et sa persistance, comme un exhausteur naturel.

CHEWING
GUM

Grumer

Grumer le vin consiste à mettre
une petite quantité de vin en bouche
(point trop n'en faut) puis à creuser les joues
en aspirant un petit filet d'air.
Cela va permettre de décupler la sensation
des arômes, c'est impressionnant.
Une fois les quelques secondes
en bouche passées à faire du boucan,
on recrache le vin dans un crachoir.
Soyons clairs, c'est bruyant, mais tous
les professionnels du vin ne jurent que par cela
quand il y a beaucoup de vins à déguster.
Cette méthode se combine à la rétro-olfaction,
vous doublez donc les sensations.
Grumer vient du mot « grume »
qui désigne le grain de raisin,
dans le dictionnaire depuis 1552.
Grumer ou mâcher, pourquoi choisir ?

Modes de culture

Chaque mode de culture a un impact sur l'environnement et le goût du vin. Aujourd'hui, plusieurs labels existent et garantissent un certain mode de travail à la vigne et à la vinification. Quatre types de cultures principaux s'imposent : la culture conventionnelle, biologique, biodynamique et naturelle. Avec eux, quelques mots clés qui apporteront du vin au moulin !

Sulfites

Les sulfites, soufre ou SO2, sont présents naturellement dans tous les vins, se produisant naturellement lors de la fermentation alcoolique. En général, on parle de la problématique des sulfites ajoutés qui agissent comme antioxydants, antibactériens et conservateurs.
On les trouve également dans de nombreux produits de l'agro-alimentaire (charcuteries...).
À haute dose, ils peuvent créer des intolérances, migraines, allergies. La réduction des sulfites dans le vin est donc un réel enjeu de santé, au-delà du simple fait de « bloquer » le vin dans son expression.
Les vins sans sulfites, couplés à une philosophie *a minima* bio sont donc plus libres, avec leur lot de surprises, mais inscrits dans une démarche vivante.
Attention au marketing, un vin sans sulfite ne veut pas dire qu'il est bio, *biody* ou nature, renseignez-vous sur la philosophie appliquée !

S
O
O

Levures indigènes

Si vous touchez la surface de la peau d'un raisin bien mûr, il y a comme une petite enveloppe poudreuse dessus. Ce sont ces levures indigènes (micro-organismes), naturellement présentes sur le raisin, qui portent la signature du terroir et amèneront au vin une singularité.
Elles ne se développent que dans un contexte de non utilisation de produits chimiques dans le vignoble. Ce sont elles qui enclencheront spontanément la fermentation, car sans levures, pas de transformation du raisin en vin !
Elles ne se développent pas dans les domaines utilisant des produits, ils sont donc contraints d'en acheter. Ces levures dites exogènes ou sélectionnées ne sont pas chimiques car elles sont cultivées. En revanche, elles sont souvent choisies pour leurs propriétés, aromatiques par exemple, d'autres sont neutres et ne servent qu'à déclencher la fermentation.

Culture conventionnelle

Il s'agit de la culture la plus répandue en France, mais elle est de plus en plus remise en question car considérée, entre autres, comme responsable de la détérioration des sols et de la santé. Les viticulteurs peuvent utiliser tous les outils et les produits chimiques autorisés par la réglementation en France. Souvent utilisés pour améliorer les rendements. Cela implique la culture de la vigne jusqu'à son élaboration à travers la vinification et ses nombreuses techniques de manipulation du vin. Ces produits peuvent comprendre insecticides, fongicides et herbicides, engrais, adjuvants, additifs, soufre. Ce mode d'action est assez flou et on ne connaît pas tous les détails, le viticulteur peut ne pas abuser des produits chimiques mis à sa disposition et appliquer une modération, chacun suivant sa propre philosophie.

Culture biologique

Cette culture vise à préserver l'écosystème, la vie et la fertilité des sols. Elle s'appuie sur le développement de la biodiversité. Il faut trois ans pour convertir un domaine conventionnel en bio. À la vigne, les produits chimiques de synthèse sont interdits (pesticides, herbicides…). Seuls sont autorisés le soufre et le cuivre. Durant la vinification, les ajouts sont possibles, mais moins nombreux qu'en conventionnel et le vin est moins manipulé. Les labels AB ou Eurofeuille garantissent la certification des domaines à travers des contrôles réguliers et le respect d'un cahier des charges.

BIO

Culture biodynamique

La culture biodynamique reprend les principes du bio tout en allant plus loin, elle se base sur les forces terrestres et célestes à travers le suivi d'un calendrier lunaire. Les objectifs sont le respect du vivant, la dynamisation de la plante, du sol, le renforcement de l'écosystème de la vigne pour la rendre plus résiliente et résistante aux maladies. L'intervention à la vigne est minime, elle repose sur des préparations à base de plantes, animales ou végétales, appliquées en fonction de ce fameux calendrier. Les vendanges sont toujours manuelles. Quant au soufre et au cuivre, ils sont autorisés en quantité limitée. Concernant la vinification, les labels Demeter et Biodyvin sont très restrictifs sur les intrants autorisés et la manipulation du vin. L'illustre domaine de la Romanée Conti travaille en biodynamie !

MONOPOLE
2007
ROMANÉE-CONTI
ANNÉE 2007

Culture Naturelle

Un vin naturel doit *a minima* être issu de raisins biologiques et de vendanges manuelles. Il doit être vinifié sans intrants (additifs), ne doit subir aucune manipulation technologique (filtration, pasteurisation) et ne contenir pas ou extrêmement peu de sulfites. Du raisin et basta. Les couleurs peuvent être troubles, on peut y trouver un peu de gaz (n'hésitez pas à carafer), les goûts sont très différents du conventionnel, c'est un autre univers du vin, vivant. Passer du vin conventionnel au vin nature peut choquer les papilles, faire le chemin en passant par le bio puis la biodynamie est à mon sens plus cohérent. Souvent caricaturé, "ça sent le poney", je vous conseille de sortir des clichés et de tenter l'aventure !

VIN
LIBRE
et
VIVANT

Vitiforesterie

De plus en plus développée, la vitiforesterie
représente l'agroforesterie appliquée à la vigne.
C'est-à-dire une association d'arbres fruitiers, ou non,
et de cultures différentes sur une même parcelle,
la plantation de haies et les couvertures végétales
des sols pour mieux les protéger. Le développement de
la biodiversité aura pour résultat l'augmentation
du stockage de carbone et l'amélioration
de la résistance du matériel végétal.
Au niveau environnemental, on note un vrai impact,
cela redessine le paysage avec du vivant, permet
de garder plus de fraîcheur dans les sols
et crée un écosystème vertueux.
Cela demande un vrai travail d'expérimentation,
de mise en place dans un temps long
et d'adaptabilité selon le terroir choisi.

Le vin du futur

Le contexte de bouleversement climatique pousse les vigneronnes et les vignerons à faire preuve d'une grande résilience, les écosystèmes des vignobles sont mis à rude épreuve. Aujourd'hui, les lignes bougent avec de nouvelles façons de faire dans le respect de l'environnement. La réapparition de la polyculture pratiquée par nos anciens, la protection des sols, la réintroduction de cépages oubliés remis au goût du jour. S'ajoute à cela, la conscience de l'impact des produits chimiques sur la santé. La créativité et l'ouverture d'esprit permettront de se réinventer. Le vignoble ne doit pas s'adapter à nous, nous devons nous adapter à lui, avec tous les changements que cela implique. À nous, passionnés de vin de nous intéresser à l'art et la manière de produire ce breuvage indissociable de notre culture, ne lâchez pas la grappe et n'oubliez pas, comme disait Baudelaire, « Boire du vin, c'est boire du génie ! ».

Remerciements

Merci à ma sœur Karline Desrosiers et ma maman
Christine Simonet d'être mes premières relectrices et de me faire
des retours toujours complets et précis,
Merci à Cathy pour ses dessins qui donnent vie à tous ces mots,
Merci à Jenni et Lilo que j'épuise avec mes citations désuètes,
Merci à Tatiana pour toutes ces heures à faire
l'inventaire des expressions bacchiques,
Merci à mes élèves de l'Ecole du Vingt-Deux à Montreuil
qui me donnent cette énergie et cette envie de partager avec toutes
et tous l'amour du vin, à travers l'humour et la pédagogie,
Merci à Franck Thomas pour le lien et sa passion contagieuse du vin
et à Adeline Lobut et Nathalie Viard pour leur confiance,
Enfin, merci à toutes celles et ceux qui m'entourent
de me nourrir de leur savoir.

Textes : Alessandra Fottorino - Illustrations : Cathy Karsenty
Direction d'édition : Nathalie Viard - Directrice éditoriale : Adeline Lobut
Coordination d'édition : Isabelle Misery - Correction : Virginie Gaillard
Création graphique et mise en pages : Carole Schilling Design

Éditions Massin
Publiées par Société d'Information et de Créations - SIC
Une société de Marie Claire Album
9 place Marie-Jeanne Bassot – 92300 Levallois-Perret - France
Tél. 01 41 46 88 88 - R.C.S. Nanterre 302 114 509
SARL au capital de 822 000 euros

ISBN : 978-2-7072-1464-5 - Imprimé par Rotolito (Roumanie)
Dépôt légal : août 2025